# COMMENT DEVELOPPER VOTRE CREATIVITE ?

## Table des matières

## Introduction

La créativité est la capacité, la faculté à inventer, imaginer. On parle de pouvoir créateur. Cette notion renvoie à l'art, aux activités artistiques, aux grands artistes, ceux qui ont éclairé de leur génie l'Histoire. Mais la créativité renvoie aussi, surtout, à l'innovation, à l'entreprenariat. En effet, la créativité, c'est avant tout le fait d'avoir des idées et de les mettre en œuvre.

Et de ce fait, la créativité n'est pas l'apanage d'artistes extraordinaires et tourmentés. La créativité est une faculté que tout le monde peut développer. Même ceux qui n'ont a priori pas d'idées. Bien sûr, certaines personnes ont un don et d'autres auront plus de mal. Mais le fait est que la capacité à créer, innover, inventer est une compétence qui se travaille, se développe, s'améliore et s'entretient. Avec quelques techniques simples, n'importe qui peut devenir créatif.

Pour Steve Jobs, « la créativité consiste juste à relier des choses entre elles. » Il poursuit : « Si vous demandez à des gens créatifs comment ils ont fait quelque chose, ils se sentent un peu coupable parce qu'ils ne l'ont pas vraiment fait. Ils ont juste vu quelque chose. Qui leur a semblé évident au bout d'un moment. Ils ont fait ou créé des choses nouvelles parce qu'ils ont su relier des expériences entre elles. Et la raison pour laquelle ils l'ont su, c'est qu'ils ont eu plus d'expérience ou qu'ils ont plus réfléchi à leurs expériences que les autres. »

Je vous propose donc d'appliquer ce raisonnement et de développer votre créativité en commençant par ... vaincre tout ce qui pourrait l'entraver. Vous verrez comment lutter contre le découragement et vous défaire de votre excès de confiance. Ou au contraire comment (re)prendre confiance en vous et vos facultés à imaginer, inventer. Parce que vous êtes humain avant tout. Dans une seconde partie, vous pourrez découvrir différentes techniques pour booster votre créativité, des conseils pour lâcher prise, explorer le champ des possibles et des exercices pour entraîner votre cerveau à repérer ce qui, au quotidien, pourra alimenter votre créativité.

## Vaincre tout ce qui pourrait entraver votre créativité

Pour développer votre créativité, il vous faut d'abord vaincre tout ce qui pourrait l'entraver. À commencer par ces excuses qui vous dédouanent et qui vous viennent à l'esprit lorsque vous tentez de mettre votre créativité en marche. Lorsque subitement vous sollicitez votre cerveau et l'obligez à le faire travailler d'une façon tout à fait différente, il se peut qu'il essaye  d'enrayer le processus. Mais il existe des moyens de répondre à ces objections que vous pouvez vous-même vous faire.

- *« Ça existe déjà »*

Si vous le pensez réellement et qu'il ne s'agit pas d'un argument vain pour paresser, cherchez alors la manière de le faire mieux. Listez 5 à 10 améliorations possibles.

- *« Ça ne marchera pas mon idée »*

Si vous cherchez à développez votre créativité, ne vous imposez pas une obligation de résultats qui ne peut que bridez votre imagination. Lâchez prise ! Vous ne visez pas la première place du concours Lépine. Vous entraînez votre cerveau à penser différemment.

- *« Je ne sais pas comment faire »*

Ce n'est pas grave. Et c'est encore moins une raison pour ne pas réfléchir à des idées. Lorsque vous en aurez trouvez certaines que vous jugerez être de bonnes idées, vous procéderez étape après étape en abordant un problème après l'autre. Pour l'instant, contentez-vous de trouver des idées. C'est la première étape.

- *« Je n'ai pas le temps »*

Chaque fois que vous dites « je n'ai pas le temps », vous vous trouvez des excuses confortables pour ne pas agir. Si vraiment, vous pensez c'est trop difficile, abandonnez ! Mais ce n'est pas si compliqué et ça en vaut la peine.

- *« Ça ne marchera pas pour moi ton truc »*

Cette méthode ne vous convient pas ? Possible ! Je n'en sais rien, je ne vous connais pas personnellement. Mais il est très probable aussi que ce soit une excuse. Surtout que nous venons à peine d'aborder le sujet. Et alors, qu'est ce qui marcherait pour vous ? Trouvez donc 5 à 10 idées sur le sujet alors !

- *« Je vais essayer ça à l'occasion »*

Vous avez l'âme d'un procrastinateur qui remet au lendemain ce qu'il aurait du faire la veille. « à l'occasion », comme « un jour » relève du vœu pieu et ne mène à rien. Si vous souffrez de ce mal, vous pourriez trouver intéressant mon autre ouvrage intitulé *Vaincre la procrastination : comment arrêter de remettre au lendemain et reprendre le contrôle de votre vie*. C'est maintenant qui compte, et le moment qui suit ce maintenant. Le Duc de

Saint-Simon, dans ses *Mémoires* souligne qu'« une idée sans exécution est un songe». Vous devez donc opérer un choix : rêver votre créativité ou l'exprimer.

Outre ces excuses fallacieuses, deux travers peuvent également vous détourner du développement de votre créativité : penser que vous êtes un génie, ou, à l'inverse, penser que vous êtes médiocre et sans intérêt.

## Penser que vous êtes génial

Penser que vous êtes génial peut vous conduire à deux attitudes néfastes au processus de créativité. La première : une confiance démesurée en votre capacité à vous souvenir de vos idées. Et la seconde : une assurance exagérée de votre aptitude à trouver l'idée qui va révolutionner le monde et changer les modes de vies.

### Mémoire défaillante et technique de l'objet insolite

Une idée peut surgir à n'importe quel moment. Mais qu'importe car vous faites confiance à votre mémoire pour vous rappeler cette idée lorsque le moment viendra. Le piège consiste à croire que vous allez vous souvenir de cette idée géniale. Elle est tellement extraordinaire et originale que vous ne pouvez pas l'oublier, n'est-ce pas ? Et pourtant, combien de fois est-ce arrivé ?

Parfois, une idée géniale s'impose à vous. Et bien souvent, elle surgit à des moments ou dans des situations qui favorisent son oubli : sous la douche, en s'endormant, en regardant une voiture passer, en rentrant en boîte, en allant chercher le courrier, etc. Cette situation est évidemment problématique car parmi ces idées, certaines ne reviendront jamais. Elles surgissent comme une opportunité qui vous est offerte, et, si vous ne la saisissez pas, elles disparaissent. Et impossible de vous rappeler quelle idée merveilleuse vous a traversé l'esprit hier. Pourtant, vous vous êtes dit à ce moment-là : « c'est génial, il faut que je m'en souvienne».
Et un jour, vous marchez dans la rue et ... vous constatez que votre idée est exploitée par quelqu'un d'autre. « Mais j'y avais déjà pensé ! » Oui, peut-être. Mais c'est trop tard ! La différence entre vous et l'inventeur de ce procédé ingénieux (ou de ce nouveau moyen de paiement, ou de cette innovation marketing, ou que sais-je encore ...) est finalement de taille. L'inventeur trouve une idée mais il s'en souvient aussi, il la formule, il la met en œuvre et l'exploite. C'est d'autant plus rageant que parmi toutes les idées géniales (et médiocres, soyons honnêtes) qui vous traversent l'esprit, certaines pourraient vous changer la vie.

Un exercice tout simple peut vous aider à remédier à cela. Il s'agit tout simplement de noter, d'une manière ou d'une autre, toutes les idées qui vous passent par la tête. Comme l'écrivait si bien le philosophe Alain dans ses *Propos*, il est important de « ne pas se forcer à penser ; mais noter aussitôt chaque pensée qui se propose. »

Si l'idée de vous promener partout avec un stylo et un calepin comme Hemingway le faisait avec son carnet Moleskine vous rebute, rabattez-vous sur votre Smartphone et la fonction « Note ». Vous pouvez même vous envoyez des mails avec le thème de votre idée en objet. Pour les fans de *Twinpeaks* qui se rappellent toujours avec émotion de l'agent spécial Dale Cooper et de ses conversations avec Diane, utilisez un dictaphone (à condition bien sûr de réécouter la bande !) pour garder une trace de vos idées.

Le problème consiste alors à noter une idée lorsque l'on ne peut pas. Si les idées vous viennent au mauvais moment (pendant un entretien très important avec votre supérieur, sous la douche, en conduisant, ...), vous ne pourrez pas facilement dégainer votre calepin et retranscrire l'éclair de génie qui vous a frappé de manière claire et intelligible et surtout de manière à ce que vous vous en souveniez. Oui, certes mais vous pouvez fort bien vous servir de votre mémoire à court terme. Procédez exactement de la même façon que vous l'utilisez parfois pour retenir quelque chose d'extrêmement important alors que vous n'avez pas de quoi noter. Vous répétez ce numéro de téléphone en boucle jusqu'à trouver un moment pour le noter au propre et pouvoir libérer votre esprit de ces quelques chiffres qui commençaient à vous agacer.

### *La technique de l'objet insolite*

Vous pouvez également opter pour la technique de l'objet insolite. Utilisez sur le moment un objet à portée de main pour vous rappeler votre idée. Dans le cas où une idée vous réveille au milieu de la nuit, placez un objet inhabituel sur votre parcours habituel. Par exemple, mettez un stylo devant la porte de votre chambre. La simple vue du stylo vous replongera instantanément dans l'état d'esprit qui était le votre au moment où vous l'avez fait. Vous vous rappellerez que vous devez noter quelque chose, et même si des heures de sommeil se sont écoulées, vous devriez retrouver assez bien ce dont il s'agissait.
Pour la réunion très importante avec votre supérieur, vous pouvez comme des générations d'écoliers opter pour la fameuse marque au stylo sur la main. Si l'idée de vous mettre de l'encre sur la main vous effraie, vous pouvez utiliser une variante et attacher quelque chose (peu importe ce que vous trouverez, prenez quelque chose d'assez inhabituel pour vous) à vos affaires. Par exemple, accrochez votre stylo à l'élastique de votre pochette cartonnée de manière inhabituelle. Sous la douche, placez un flacon de shampooing devant le bac de douche sur votre tapis de bain, une femme pourra retirer un bracelet et le mettre autour du levier de vitesse si elle conduit.

À noter : la technique de l'objet insolite fonctionne aussi très bien avec les tâches sans importance de la vie quotidienne que l'on a tendance à oublier facilement. Par exemple, pour vous rappeler d'acheter du café, placez le paquet de café devant la porte d'entrée. Impossible de l'oublier. Vous pouvez libérer de la place dans votre mémoire à court terme pour d'autres choses plus importantes (comme noter vos idées).

## L'idée révolutionnaire, géniale, qui changera la face du monde

Ce qui peut également vous paralyser, c'est votre désir de bien faire, ou plutôt, de trop bien faire ! Vous êtes génial ou, tout au moins vous le pensez, et recherchez de ce fait l'idée du siècle, LA bonne idée, celle qui va révolutionner la vie des gens. Attention cependant, comme le soulignait Sir Robert Watson-Watt, ingénieur écossais pionnier du radar : « Vous avez une idée aujourd'hui, une meilleure idée demain, mais la meilleure de toutes… jamais ! ».

Pourtant, vous avez déjà tout prévu et vous imaginez avec ravissement la suite des évènements : l'ouverture de votre première boutique, un succès retentissant, votre installation dans la capitale, l'ouverture de succursales partout en France et en Europe puis dans le monde entier, une renommée qui dépasse les frontières, un magasin avec votre marque qui ouvre toutes les 3 minutes dans le monde, partout… même sur le rocher de Gibraltar. Et pour bientôt, très bientôt, vous le sentez, la colonisation de la lune avec vos produits.

Sauf que voilà, avec un peu de recul, vous vous dites que tout a déjà été fait et que vous devez encore vous creuser les méninges pour trouver l'idée ultime qui vous permettra d'accéder à vos modestes ambitions. Cela fait néanmoins des années que vous cherchez et vous n'avez pas vraiment avancé. Il y a toujours quelqu'un qui vous devance ou bien, pire encore, il y a toujours quelqu'un pour vous dire les mots que vous redoutez tant :
« ça existe déjà ton idée». Abraham Lincoln l'a bien compris, lui qui a dit : « Les livres nous donnent l'occasion de découvrir que nos idées si originales ne l'étaient pas tant que ça. »

# Pensez que vous êtes nul

## Tout a déjà été inventé mais ...

Oui, tout a déjà été inventé. Marcel Achard, écrivain français du XXème siècle, avait bien saisi le problème lorsqu'il disait : « J'ai des tas d'idées brillantes et nouvelles, mais les brillantes ne sont pas nouvelles, et les nouvelles ne sont pas brillantes ».
Mais si tout a déjà été inventé, cela ne doit en aucun cas constituer un frein à votre créativité. Au contraire, cela devrait même la booster. Tant pis si votre idée est loin d'être révolutionnaire. Tant mieux même ! Si vous acceptez le fait que, d'une manière ou d'une autre, tout existe déjà, vous vous sentirez beaucoup plus libre dans votre réflexion et serez plus à même de vous laisser aller. L'important est de ne pas rester bloqué par ce que nous appellerons le syndrome Léonard de Vinci.

### *Le syndrome Léonard de Vinci*

Léonard de Vinci était comme vous le savez un inventeur de génie passé maître dans l'invention ex nihilo, c'est-à-dire à partir de rien. Il a imaginé les avions, les sous-marins, l'hélicoptère, l'automobile, bien avant que cela existe réellement. Aujourd'hui, il est quasi impossible d'être un Léonard de Vinci. Les inventions sont principalement des innovations, des améliorations de l'existant. Comprendre cela est déjà un grand pas.

Aujourd'hui, les idées géniales ne sont pas révolutionnaires. Elles ne sont que des améliorations de ce qui existe déjà pour encore et toujours faciliter notre quotidien. Il suffit de regarder l'émission du meilleur inventeur sur M6 pour s'en rendre compte.

Lorsque les premiers Smartphones sont apparus, les gens les plus créatifs ont appréhendés cet objet comme un terrain d'innovation potentiel majeur et ont travaillé sur toutes les possibilités que pouvait offrir un tel appareil. Quelques années plus tard, de nombreux services ont été crées de toutes pièces et ces Smartphones sont devenus des supports de téléchargement d'applications diverses et variées.

## Tout peut être amélioré

L'idée géniale, on l'a vu, ce n'est pas forcément celle qui crée quelque chose de A à Z. Ce qui fait qu'une idée est géniale, ce n'est pas sa capacité à tout révolutionner ! Une idée géniale est une idée qui facilite votre quotidien, qui le rend meilleur. Et il suffit parfois de pas grand chose. C'est ce que nous appellerons la technique de la cerise sur le gâteau.

### *La technique de la cerise sur le gâteau*

Si une idée existe déjà, rendez-la meilleur ! Proposez un service en plus, une fonctionnalité supplémentaire, etc. Comme Darty qui rembourse la différence si vous trouvez moins cher ou Domino's Pizza qui vous livre en 30 minutes.

Le service de Domino's pizza et ce qui le différencie par rapport à la concurrence tiens en quelques mots : « votre pizza en 30 minutes chez vous ou elle vous est remboursée ». L'idée est simple mais loin d'être révolutionnaire. Les autres sociétés qui font et livrent des pizzas utilisaient déjà des scooters pour gagner en rapidité. Rien n'a été inventé. Il n'en reste pas moins que c'est une idée géniale. 30 minutes, c'est le temps que dure le journal de 20h. Votre pizza est dans votre assiette avant le début du film.
L'idée géniale est une idée qui améliore ce qui existe déjà. Ce n'est pas Georges Lucas qui me contredira, lui qui élève la créativité au rang d'art et affirme que « l'art n'est pas d'arriver avec des idées neuves mais d'interpréter ces idées qui nous entourent depuis toujours».

Alors que pourriez-vous imaginer pour améliorer l'existant ? Pensez aux nouvelles technologies qui dessinent les contours de la vie de demain. Pour booster votre créativité, partez du principe que toute nouvelle technologie qui apparaît sera la norme dans deux ans et que de nouveaux besoins et services devront être crées. La créativité se place dans ce futur éventuel, pas dans le présent, et encore moins dans le passé. Bannissez le « c'était mieux avant ». Intéressez-vous aux nouveautés, aux tendances émergentes en matière de nouvelles technologies. Repérez les nouvelles applications et essayez de comprendre comment elles ont été créées. N'entrez pas dans les détails techniques, c'est inutile. Saisissez simplement l'idée générale, l'objectif. Pour devenir vous-même créatif, efforcez-vous de comprendre comment les créatifs fonctionnent et quels rapports ils entretiennent avec le monde qui les entoure. Tenez-vous informé, lisez les dossiers très fréquent dans la presse généralisée sur la genèse de tel ou tel service, telle ou telle technologie.

## *User experience*

Les entrepreneurs, les créateurs de services et de produits s'appuient beaucoup sur le concept de « User experience » pour développer leurs idées. Cette expression barbare désigne une réalité très simple : se mettre dans la peau de l'utilisateur pour porter un regard critique et constructif sur l'existant.
Prenons l'exemple de la société Airbnb. Les trois créateurs d' Airbnb -Nathan Blecharczyk, Brian Chesky et Joe Gebbia- ont été inspirés par leur propre expérience. En 2007, alors qu'ils habitaient à San Francisco, ils savaient qu'un congrès de design de premier plan s'organisait dans leur ville mais que toutes les chambres d'hôtel avaient été réservées. Ils ont alors décidé d'offrir leur logement, avec un petit déjeuner et un accueil local, à quelques étrangers assistant à l'événement. Un an plus tard, leur plateforme de recherche et de réservations entre la personne qui offre son logement et le vacancier qui souhaite le louer voit le jour, avant de se développer dans le monde entier. Les trois inventeurs de ce concept se sont interrogés sur ce qui était proposé dans le secteur de l'hébergement (hôtel et location de vacances) et sur ce qui pouvait être amélioré pour se démarquer.

Ils ont choisi de développer l'hébergement chez l'habitant en rendant ce type de réservation aussi simple et flexible que dans l'hôtellerie. Exit donc les contraintes qu'imposent les locations à la semaine ou au mois (la maison de vacances que l'on réservait 6 mois minimum à l'avance, et le propriétaire qui exigeait la location par quinzaine) et contrairement à l'hôtel, vous êtes plus autonome, plus au calme. Vous pouvez louer une villa dans le maquis corse et ne croisez que des chèvres et pas âme qui vive si vous le souhaitez. À vous aussi les petits plats maisons et la convivialité (et les économies) qu'impliquent une cuisine sur place et vous évitez le restaurant matin, midi et soir.

En résumé, avoir une idée géniale, c'est répondre à une demande forte qui a été trop longtemps délaissée. Tout simplement ! Peu importe que l'offre existe déjà, s'il y a une demande, c'est que l'offre ne correspond pas complètement. Que ce soit d'un point de vu prix, qualitatif, quantitatif, peu importe. Il faut savoir se positionner par rapport à la concurrence, se démarquer et foncer !

## Vous êtes humain, c'est tout

Enfin, comment faire quand rien ne vient, que vous souffrez d'un manque d'inspiration total ? Parce qu'il n'est pas évident d'être créatif tous les jours et parce que même si développer sa créativité, ça se travaille, vous pouvez vous retrouvez confrontés au néant, à ce que les écrivains appellent l'angoisse de la page blanche.

Mais là encore des solutions existent et plusieurs options s'offrent à vous.
Vous pouvez partir, changez d'air. Hippolyte Taine, philosophe, historien et critique français du XIXème siècle, pratiquait cette fuite salvatrice et l'expliquait en ces termes :
« On voyage pour changer, non de lieu, mais d'idées. »

### Partir

Quittez votre maison ! Partez ! Loin si vous le pouvez. Prenez votre voiture, roulez pendant des heures. Aventurez-vous sur une route inconnue, visitez un endroit que vous n'avez jamais vu. Allez voir l'exposition d'un artiste que vous ne connaissez pas. Le but est de mettre votre cerveau sur « OFF » quelques heures, quelques jours, quelques semaines si nécessaire.
Il peut arriver que vous ne soyez pas au mieux de votre forme et que la déprime guette. Si vous ne vous intéressez plus à rien, que vous avez l'impression de rater votre vie car vous n'y trouvez aucun sens et surtout si ce sentiment s'installe dans la durée, une bonne solution est de partir, larguez les amarres.

J'ai été confronté à cette situation et j'ai pris un billet d'avion pour un pays que je n'avais jamais visité : la Finlande. J'y ai loué une cabane en bois (que l'on appelle « Moki », c'est très courant là-bas) sur une petite île au milieu d'un lac. Il fallait un bateau pour y aller. Chaque semaine, je faisais les courses dans un supermarché de la petite ville voisine et je regagnais ensuite mon île à la rame. Mon électricité était en bonne partie générée par l'énergie solaire. Je ne pouvais pas regarder la télé pendant plus de 2h d'affilée avant de devoir l'éteindre (ou de sacrifier la lumière le soir). J'ai rencontré des amis, une femme qui a partagé de belles années de ma vie. J'ai passé des jours sans parler, sans penser, seulement à méditer, à alterner saunas et plongeons dans de l'eau à 18°. J'ai beaucoup nagé, j'ai bu de nombreux jus d'orange pressés, je me suis endormi au coucher de soleil, j'ai connu les réveils dus aux piqûres de moustique.

Cette expérience a été comme une remise à zéro de mon système cérébral. De nouvelles idées et de nouveaux projets ont émergés. Mon cerveau était comme lavé, renouvelé. Lorsque je suis revenu, j'ai immédiatement mis à exécution certaines des idées que j'avais eues là-bas. Et j'ai décidé de ne plus jamais me retourner sur mon passé. Sans partir aussi loin, j'éprouve régulièrement le besoin de « partir » de mon environnement (psychique ou physique) pour avoir un regard neuf sur les choses. C'est pendant ces moments particuliers où votre esprit est au repos qu'en arrière-plan votre cerveau travaille à connecter vos idées, analyser la situation et muscler votre créativité.

Certes, on ne peut pas partir tout le temps, et pas toujours aussi loin, mais prenez le temps, un jour par mois, plus si vous le pouvez, pour ne penser à rien. Ce sera un jour pour vous, un jour durant lequel vous sortirez de votre routine, vous bouleverserez vos habitudes, un jour où vous ne travaillerez pas. Et vous verrez, c''est ce jour-là que vous viendront vos meilleures idées.

## Vous tourner vers les autres

Si vous ne pouvez pas partir, ou si vous ne le désirez pas, une autre solution existe : tournez-vous vers les autres. N'hésitez pas à chercher de l'aide.

Il arrive que l'on se sente vraiment mal. Si vous déprimez et qu'aucune idée ne semble venir, que vous broyez du noir, il ne suffira pas forcément de mettre les pieds dans un musée pour se voir soudainement assailli de nouvelles idées. Parfois, vous avez besoin d'aide extérieure pour avancer. Vous pouvez avoir besoin de parler, de comprendre, de prendre soin de vous. Vous pouvez vous tourner vers vos amis, choisir de consulter un médecin, vous offrir un moment de bien-être avec un massage, ou tout simplement vous reposer. L'essentiel est que vous soyez à l'écoute de vos besoins et que vous en teniez compte. L'hygiène de l'esprit est aussi importante que celle du corps, car les deux sont intimement liés.

Comment savoir si vous avez besoin d'aide ? Si pendant trois jours d'affilées vous ne pouvez vous débarrasser de vos pensées négatives, que vous ne voyez que le mauvais côté des choses, que vous avez du mal à vous enthousiasmer pour quelque chose, c'est le signal d'un besoin d'attention. La période des trois jours est une durée donnée à titre indicatif. Elle me sert de référence mais n'a jamais été débattue par la communauté scientifique. Aucune étude ne prouve que la créativité ou la mémoire diminue après trois jours de déprime. Mais le simple fait d'être attentif à cette limite des trois jours vous incitera à prendre conscience de votre humeur, de votre forme, et vous permettra de préserver plus efficacement vos périodes créatives.

Pour sortir de la spirale de la déprime et renouer avec votre créativité, tournez-vous vers les autres, leurs idées, leurs pensées. Optez pour la lecture, écoutez la radio, discutez avec vos voisins, vos amis, votre famille. Être à l'écoute des autres fait travailler votre créativité. Vous pouvez lire des blogs, regarder des vidéos, écouter des conférences, vous plonger dans des publications de travaux de scientifiques reconnus, éplucher des revues, etc. Ne négligez aucune source. Tout est nourriture pour un esprit qui a soif de connaissance et de découverte. Tous ces médias sont de multiples sources d'inspiration.

Abonnez-vous à des sites, blogs, revues qui vous plaisent. Croisez ces sujets qui vous intéressent. Qu'en retirez-vous ? Vous pouvez alors établir des liens entre vos idées, vos réflexions, et les sujets traités par les ressources que vous suivez. Astreignez-vous à cet exercice lorsque vous êtes en panne d'inspiration. Parfois, appréhender un sujet par le biais d'un regard, d'une source extérieure est grandement bénéfique et nourrit véritablement votre réflexion. Davantage que si vous étiez rester centré sur vous. Soyez curieux du monde qui vous entoure, regardez ce qui se fait ailleurs. Pourquoi ça fonctionne ? Ou, a contrario, pourquoi ça ne marche pas ? Quel serait l'ingrédient personnel que vous ajouteriez aux ressources que vous consultez ? En quoi votre approche personnelle apporte-t-elle une réelle valeur ajoutée ? Quel point de vue pourriez-vous adopter pour traiter d'un même sujet ? Est-ce le bon timing ? Une idée doit en effet être en parfaite adéquation avec la période à laquelle vous allez la proposer. Au début des années 2000, vous pouviez faire rêver les gens en traitant du sujet de l'achat de maison. En 2009, avec la crise des subprimes et les difficultés économiques, le contexte fut d'un seul coup beaucoup moins porteur pour ce type de projets. Il est devenu plus difficile d'obtenir un prêt et de nombreuses personnes ont vu s'envoler leur rêve de devenir propriétaire. Votre idée, inspirante à un moment donné (acheter une belle maison et la décorer à votre goût) devient déprimante lorsque le contexte n'est pas porteur, que le timing est mal calculé. Posez-vous toujours cette question : quels sujets (parmi tous ceux qui m'intéressent et sur lesquels je suis en veille) sont porteurs aujourd'hui ? Lesquels deviennent à présent intéressants au vu du changement de contexte (timing) ?

# Techniques et défis pour développer sa créativité

Pour développer sa créativité, certaines techniques existent. Elles exigent de votre part un minimum d'adhésion mais vous devriez vous y plier avec grâce car ces exercices sont plutôt amusants et vous feront progresser rapidement et durablement.

## Une histoire de quantité ...

Avant toutes choses, il est important d'entraîner son imagination en la sollicitant. Et c'est dans un premier temps, la quantité qui compte.

### Entraîner son imagination

Si vous pensez avoir toujours eu une mauvaise imagination, ce n'est pas grave, loin de là ! Même si pour vous un chiffre est un chiffre et un mot est un mot (vous n'y voyez aucune image particulière), même si vous avez besoin d'établir un lien entre les choses, que vous devez vous appuyer sur du concret, du réel, tout n'est pas perdu. Beaucoup de personnes ont besoin d'une certaine logique pour pouvoir (éventuellement) imaginer les choses. Vous n'êtes pas le seul à avoir besoin de temps pour comprendre une métaphore (et encore plus pour en faire une !), cela vous semble incompréhensible et pourtant ... Avec un peu d'entraînement, tout est possible.

Car l'imagination est une compétence et non un talent. Bien sûr, certaines personnes peuvent se targuer d'avoir un don : leur imagination est plus développée que chez la plupart de leurs pairs ; et d'autres auront plus de difficultés que la moyenne à faire preuve d'imagination. Mais le fait est que la capacité d'imaginer est une compétence qui se travaille. Imaginer le boulot de vos rêves, la maison de vos rêves, le voyage de vos rêves, le/la partenaire de vos rêves nécessite-t-il des compétences particulières ? Pas tant que cela. En réalité, vous avez déjà des idées bien arrêtées.
Vous avez déjà répété devant votre miroir le dialogue que vous allez avoir avec votre supérieur au sujet de votre augmentation, vous avez déjà imaginé à quoi ressemblerait votre vie si vous déménagiez à Dubaï ou Pékin, vous avez déjà une vision idéale de votre avenir, vous savez vous projeter. Bref, comme tout un chacun, vous avez des rêves, des espoirs, des envies. Et ces rêves étant issus de votre imagination, vous savez déjà imaginer. Il suffit donc de muscler, développer, consolider ce que vous possédez déjà. Pour entraîner votre imagination, rien de très compliqué mais un travail à mener sur les quatre points suivants :

***Travaillez votre lâcher-prise***

C'est la première des consignes à suivre. Le problème est que, bien souvent, les gens essaient d'imaginer un objet donné en se référant à ses synonymes ou en visualisant littéralement ce qu'ils voient au sens premier. Si je vous dis « ballon », vous visualiserez un ballon. Si je vous dis de visualiser un ballon de façon mémorable, vous visualiserez... le même ballon.

Je parle ici d'images, mais il en sera exactement de même si vous êtes auditif. Certaines notions, vous seront de ce fait tout simplement impossibles à associer à une image : c'est le cas par exemple de « contrat par tacite reconduction », tout comme la quasi totalité des termes juridiques et de façon plus générale, des mots et expressions qui renvoient à une idée abstrait et/ou complexe. Pourtant, il suffit de lâcher prise, de simplement vous faire confiance. Ne pensez plus à trouver des synonymes ou des représentations exactes d'un objet ou d'une idée, mais cherchez avant tout ce à quoi cela vous fait penser. Même si cela n'a rien à voir ! Pour cela, il vous suffit de...

### *Travaillez votre spontanéité*

Chaque fois que vous êtes confronté à une information difficile à mémoriser, utilisez la technique des 3 secondes.
Quelle est la première chose qui vous vient en tête lorsque vous voyez/écrivez/entendez/dites ce mot ? Votre cerveau devrait vous faire une suggestion en 3 secondes. Bien souvent, vous éliminez cette suggestion car, au prisme de la raison, elle n'a pas grand chose à voir avec le postulat de base. Erreur ! Vous venez sans doute de balayer votre association d'idée la plus puissante et, pour vous, la plus révélatrice !

### *Travaillez votre persistance*

Très souvent, les gens abandonnent avant d'essayer (ou bien essaient sans y croire). Cet état d'esprit peut (et va) fort probablement vous poser problème dans différents domaines de votre vie et également dans le développement de votre imagination. Alors, persistez, et ne laissez pas votre cerveau se reposer avant qu'il ne vous ait fait quelques suggestions d'images attrayantes pour imaginer, visualiser cette chose compliquée. À un moment ou un autre, forcément, une association viendra. Et si vous pratiquez cet exercice régulièrement, ne serait-ce que 5 minutes par jour, votre imagination devrait grandement s'accroître.

### *Travaillez votre curiosité*

Les études montrent que la curiosité intellectuelle, l'ouverture d'esprit, l'intérêt que vous manifestez pour tout ce qui vous entoure est la clé de la réussite. Comme le dit si bien Leo Burnett, grand publicitaire anglais du XXème siècle, « la curiosité de la vie dans tous ses aspects est, je pense, le secret des grands créatifs ».
Pour développer votre imagination, vous devez augmenter votre niveau de curiosité. Faites des recherches. Wikipédia est bien utile mais multipliez les sources de connaissances et de savoir. Toutes les sources d'information son bonnes à prendre, et cela va d'Internet à la radio, en passant par les jeux vidéos ou les textes de chanson. Lorsque vous êtes confronté à des choses compliquées à mémoriser, vous avez besoin d'exemples, de références, de points de comparaison, de repères pour vous aider.

Le résultat de la mise en pratique de ces quatre points ne devrait pas trop se faire attendre : une plus grande créativité, et donc, une capacité accrue à créer. En effet, souvenez-vous que dans le mot "créatif" il y a "créer". Vous ne savez sans doute pas dessiner, ni peindre, ni jouer du piano ou coder pour créer un logiciel. Les parties de votre cerveau qui vous aideraient à réaliser ces compétences sont inactives. Mais pourtant si vous trouviez un moyen d'activer ces compétences, cela pourrait tellement vous servir dans de nombreux domaines de votre vie. Pensez « possibilité » et « ouverture ». Si des parties de votre cerveau fonctionnent parfaitement et que d'autres sont inactives, sollicitez-les pour disposer du cerveau le plus efficace possible. Pour activer une partie dormante de votre cerveau, vous devez en apprendre les bases. Peut-être que la base pour jouer du piano, ce n'est pas de tapoter sur un clavier, mais d'apprendre le solfège par exemple ? Pour apprendre à dessiner, peut-être que vous pourriez commencer par emprunter des livres sur les techniques de dessin à la bibliothèque du quartier et suivre des ateliers de dessin ? Ou simplement vous munir de quelques crayons de couleurs et vous lancer ? Et si vous preniez un stylo bille noir et que vous ajoutiez des bulles de texte aux photos des magazines dans la salle d'attente du dentiste ? Quelle que soit votre décision et vos actions, elles vont toutes dans le même sens : la volonté de créer quelque chose. Votre créativité s'exprime, vous développez de nouvelles capacités, vous établissez de nouvelles connexions neuronales qui vous serviront, y compris pour les choses qui vous tiennent le plus à cœur.

La pire erreur que vous pourriez faire serait de sous-estimer ces actes futiles en apparence et de continuer à penser que travailler sa créativité consiste à attendre que l'inspiration vous tombe dessus et que votre prochaine idée géniale arrivera sans même que vous ayez à y penser.

## Accueillir ses idées sans préjugés, sans faire le tri

La créativité est comme un muscle. Elle a besoin d'exercice et d'entretien. Rien de tel qu'un petit exercice pour la maintenir alerte. Voici donc un défi à prendre comme un jeu : durant les prochaines 24 heures, notez chaque idée, chaque pensée qui vous intrigue. Même si vous pensez ne pas pouvoir l'oublier. Même (et aussi, voire surtout) si vous pensez que votre idée est nulle. Pas besoin de vous arrêter aux points de détails. Écrivez seulement un ou deux mots suffisamment explicites pour que vous puissiez vous souvenir de votre idée. Vous allez collecter ainsi quelques dizaines d'idées qui vous sembleront probablement très bizarres ou hors de propos. Notez-les quand même. Plus vous en avez noté, mieux c'est. L'exercice n'est pas si facile qu'il en l'air, mais il ne dure que 24h. L'effort consenti est donc largement réalisable.
Une fois les 24h écoulées, relisez tout ce que vous avez écrit et cherchez un lien entre toutes ces idées, même si celles-ci semblent abstraites ou sans aucun rapport. Il s'agit de faire preuve ici de créativité, apanage de votre cerveau droit. Laissez s'exprimer le poète qui sommeille en vous !

Durant cet exercice, vous allez passer par plusieurs états d'esprit :

- Vous allez vous demander si telle idée vaut le coup d'être notée : la réponse est oui ! Comme le dit Picasso avec justesse : « Le goût est l'ennemi de la créativité ». Alors ne réfléchissez pas, notez !

- Vous allez avoir mal au crâne à force de chercher un lien entre des choses abstraites et a priori très éloignées les unes des autres (mais si vous persistez, vous allez trouver d'autres idées qui seront beaucoup plus claires).

- Vous allez manquer certaines idées (parce que vous n'avez pas l'habitude de noter).

- Vous allez trouver ça amusant, surtout si vos pensées sont saugrenues.

À l'issue de cet exercice, vous constaterez que :

➢ Vous avez des idées : exploitables en l'état ou bien, peu ou pas du tout exploitables. Si l'une de vos idées est géniale, tant mieux pour vous. Sinon, ce n'est pas grave.

➢ Vous commencez à adopter une attitude de « réception » vis-à-vis de vos pensées. Vous allez d'instinct être plus attentif à ce qui vous intrigue, devenir plus ouvert et plus vigilant.

En renouvelant l'exercice de temps en temps, vous gagnerez en rapidité et même si vous ne trouverez pas forcément des idées extraordinaires, vous en aurez plus, plus facilement et vous saurez y être attentif.

## Solliciter son cerveau pour avoir des idées

Pour avoir des idées, sollicitez votre cerveau, entraînez-le. Si vous ne l'utilisez pas, il s'atrophie.
La créativité se travaille, comme la mémoire. Et contrairement à ce que vous pensez, vous êtes très créatif, le tout est d'utiliser la bonne technique. Vous avez vu précédemment que vous devez accueillir vos idées sans penser à savoir si elles sont bonnes ou mauvaises, vous devez aussi viser la quantité. La qualité viendra plus tard. Ne cherchez pas la bonne idée. Cherchez les idées. C'est comme cela que vous deviendrez créatif.
Voici un nouvel exercice qui vous aidera : chaque jour, trouvez 5 à 10 idées, sur n'importe quel sujet. Couchez-les sur le papier, même les mauvaises. Vous pourriez avoir des surprises.
Les premières idées devraient affluer à la vitesse de l'éclair. Si vous n'arrivez pas à dépasser la 4ème ou la 5ème et que vous butez, ne faites pas de pause, ne laissez pas tomber, ne remettez pas à plus tard. Obligez-vous à en trouver 20. Vous serez ainsi obligé de noter toutes vos idées même les plus bêtes. EN effet, si vous n'arrivez pas à en trouvez beaucoup, c'est que vous vous autocensurez pour ne garder que les bonnes. Répétez cet exercice plusieurs jours consécutifs. Vous allez vous surprendre vous-même.

Voici un exemple :

- Supprimer l'existence de l'argent liquide pour éradiquer le crime organisé

- Guide pour investir dans les villes criblées de dettes en 2014

- Ouvrir un réseau social pour associations caritatives

- Investir 10% des revenus du livre à la création d'un fonds d'aide aux étudiants en Art/Design

- Créer une véritable chaine TV consacrée exclusivement aux blogs

- Faire un lipdub avec tous les lecteurs du blog *Potiondevie*

- 50 stratégies pour réussir dans la vie quand on n'a pas de diplôme ou pas les moyens de se payer des études

- Créer un implant cérébral pour remplacer les téléphones portables et ainsi communiquer par télépathie

- Créer un jeu vidéo qui permettrait de devenir une superstar en cuisine en passant des niveaux.

- Créer un système audio/dolby/3d/hd qui permettrait de revivre « en vrai » les concerts qu'on a aimé ou les vidéos tournées sur son propre appareil-photo avec les sons, les odeurs, les sensations, etc.

Voilà 10 idées trouvées en moins de 5 minutes. Sont-elles bonnes, mauvaises ? Beaucoup sont mauvaises, et pour certaines irréalisables, mais l'intérêt n'est pas là. L'objectif premier est de muscler votre créativité. Pensez « Brainstorm » avant tout. Pour une fois, la qualité est secondaire, profitez-en !

Amina, jeune lycéenne, s'est aussi pliée à l'exercice et l'a partagé sur le blog « potion de vie ». Elle a choisi « 10 idées révolutionnaires pour les fabricants de stylo » qui sont bluffantes !

Avec son accord, je vous partage ses 10 idées pour des stylos qui peuvent vous changer la vie !

<u>Idée numéro 1 : le stylo appuie petit-doigt</u>

Parce qu'on a souvent mal au petit doigt quand on écrit beaucoup.

Idée numéro 2 : le stylo avec bonbon au-dessus

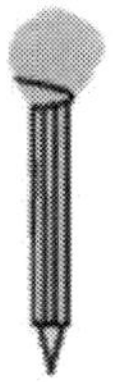

Pour mordiller le bonbon au lieu du stylo. À essayer avec plusieurs saveurs !

Idée numéro 3 : le stylo pour tricheurs avec rabat déroulable

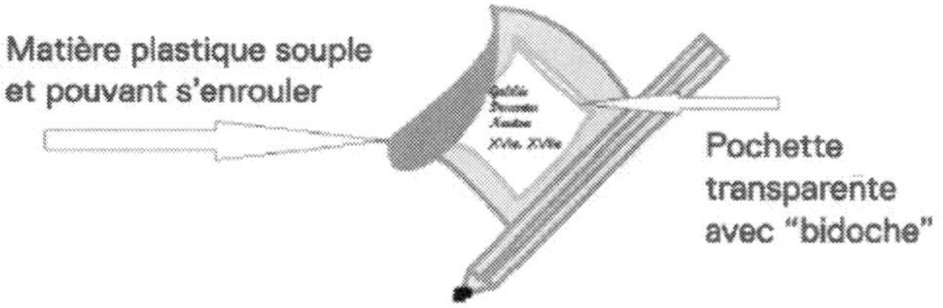


À prendre avec humour ! (NDLR : « bidoche » = pompe !) Peut également se décliner en bâton de colle en faisant une fente sur le côté et en enroulant un papier autour de la tige intérieure !

Idée numéro 4 : le stylo gras/non-gras

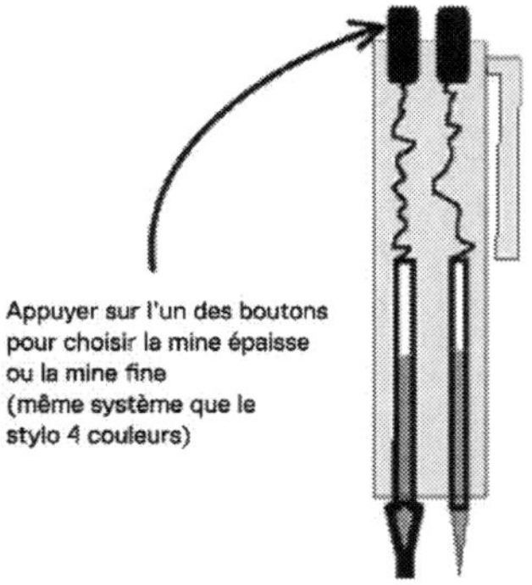


Contient deux pointes : une petite et une grosse. On peut ainsi écrire en normal ou en gras sans avoir besoin de changer de stylo à chaque fois et sans devoir repasser par dessus l'écriture plusieurs fois. C'est moche et ça ne fait pas propre !

Idée numéro 5 : le stylo anti-stress

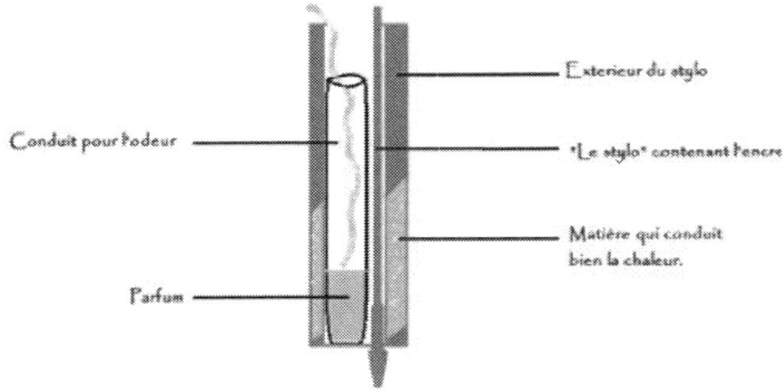


Dès que vous écrivez beaucoup, vous transpirez et stressez ? Pour vous détendre, la matière transmet alors la chaleur à la substance parfumée qui va se libérer et ainsi apaiser l'écrivain. À tester avec plusieurs senteurs !

Idée numéro 6 : le stylo SMS-Photo

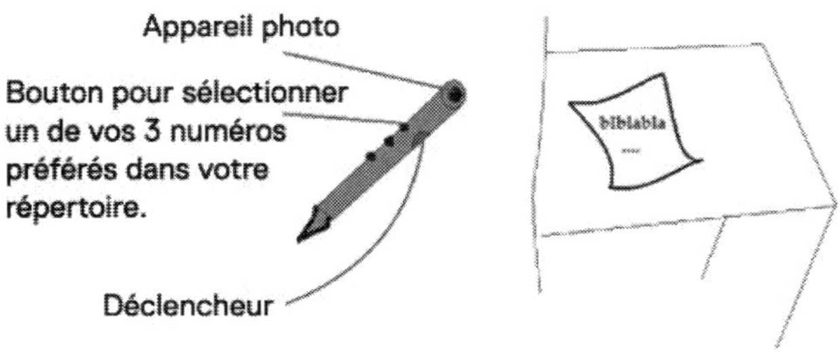


Pour écrire des sms/mms sans se faire prendre en cours/réunion/travail etc. Petit appareil photo et bluetooth intégré au stylo. L'utilisateur écrit son message sur papier, le prend en photo, et appuie sur le bouton d'un de ses 3 correspondants préférés. Le stylo renvoie le message au téléphone de l'utilisateur qui l'envoie à son tour au destinataire !

Idée numéro 7 : le stylo  bye bye la règle

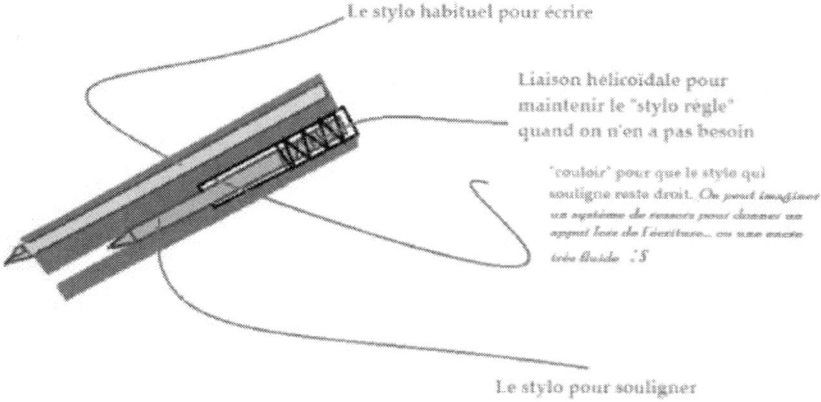


Le stylo en contient en fait deux. Un qui reste adhérant à la feuille dès qu'il est sélectionné en position basse, et le stylo habituel pour écrire. Le stylo en position basse permet de souligner pendant que le stylo principal écrit !

Idée numéro 8 : le stylo antivol

Une petite charge électrique dissimulée dans le stylo actionnable qui empêche ainsi les emprunts intempestifs !

Idée numéro 9 : le stylo adaptable à votre taille de main

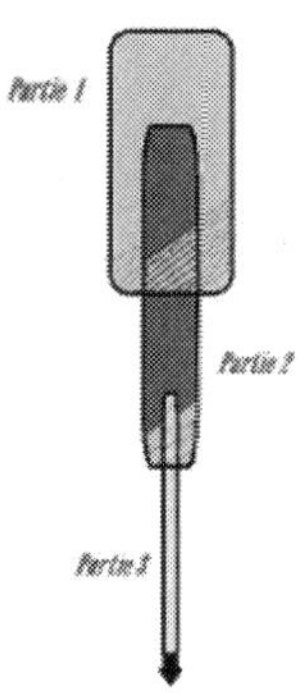


Chaque partie (1/2/3) se visse sur la précédente, permettant ainsi de grossir la taille du stylo et de l'adapter à toutes les mains ! On peut ainsi prêter plus facilement son stylo à un enfant ou un adulte aux grosses mains !

Idée numéro 10 : le stylo « stresse en silence STP »

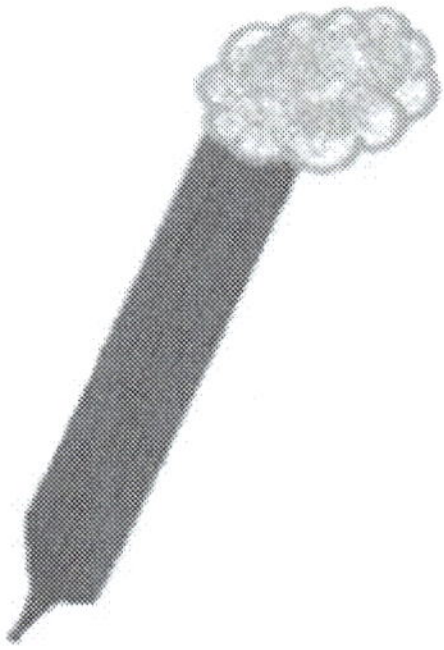

Grâce à sa mousse qui enroule le sommet, ce stylo permet de continuer à tapoter sur le cahier ou la table sans déranger les voisins en absorbant les bruits !

Comme aux échecs, listez vos options ! La première chose que fait un grand maître lorsque c'est son tour, ce n'est pas d'analyser en détail un mouvement possible, c'est de prendre du recul et de lister toutes les options qui s'offrent à lui. Ici, c'est pareil. Prenez un carnet de note, ou un agenda.

### *Listez vos options*

J'ai fait une liste d'options possibles pour ma vie en début d'année. Même si à terme je ne m'attacherai sérieusement à aucune d'entre elles, faire une telle liste est toujours intéressante et riche d'enseignements. Il s'agit de parler d'un des sujets les plus passionnants qui soit : votre vie !

- Créer une autre activité en ligne sur l'immobilier
- Écrire un roman mêlant à la fois heroic fantasy et policier
- Devenir conférencier en développement personnel
- Devenir restaurateur et ouvrir mon food-truck
- Mémoriser toutes les répliques du Dr House
- Écrire un guide pour vaincre la procrastination
- Visiter l'île de Pâques
- Présenter une émission de télévision
- Ouvrir Smart-Radio, la station des gens intelligents
- Devenir artiste peintre (Pourquoi pas ?!)

Ne vous limitez pas à dix idées si vous êtes inspiré, laissez votre esprit vagabonder, même (et surtout) si c'est vers l'absurde. C'est ainsi que vous parviendrez à lâcher prise et devenir plus créatif. Ensuite, pour chaque option ainsi listée, prenez-en une (celle qui vous plaît le plus sur le moment), et listez d'autres options possibles en rapport avec cette idée. Par exemple, si je sélectionnais : « présenter une émission de télévision », je pourrais lister 10 thèmes, ou 10 structures d'émissions qui sortent de l'ordinaire, ou encore dix types de reportages, ou dix types d'interviews. Ensuite, pour chaque sous-liste, vous pouvez encore aller plus loin. Quels invités exactement ? Quelles questions originales vous poseriez ? Lister vos options est bénéfique non seulement pour votre créativité, mais également pour l'exécution de vos projets. Plus vous « resserrez l'étau », plus vous vous rapprochez de l'action, et donc de la création de quelque chose qui, à défaut de changer le monde, peut avoir un véritable impact sur votre vie. Encore une fois, le but n'est pas ici de réaliser ce que vous noterez sur votre calepin. Le but est de réveiller votre créativité qui et de vous faire voir le monde sous un jour qui vous était encore inconnu.

### *Associez vos idées*

Pour cela, lâcher prise, accumulez les idées et associez-les entre elles.
Imaginez que vous ayez dix passions. Cela signifie qu'il existe des centaines d'idées de possibilités pour créer des activités qui vous intéresseraient. Si 1000 choses vous intéressent, cela veut dire qu'il existe plus d'un million de combinaisons possibles de deux idées pour en créer une troisième qui pourrait également vous intéresser. Cette idée d'associations et de combinaisons improbables est la base de l'art de la mémoire. Pour rendre quelque chose de mémorable, vous devez l'associer à quelque chose de drôle, de loufoque, bref, de créatif. Si l'on vous demande de garder en mémoire un labrador, votre cerveau va trouver cela fade et finira par l'oublier. Si l'on vous demande de garder en mémoire le même labrador en train de conduire un sidecar, il y a de grandes chances pour que cette combinaison d'images improbables vous reste en tête de façon efficace !

Combinez deux idées qui n'ont à priori rien à voir entre elles, pour en former une troisième. Créez un café-fleuriste si vous aimez les beaux bouquets et la convivialité des cafés. Vous rencontrez quelqu'un intéressé par les chevaux et qui aimerait devenir auto-entrepreneur ? Que penserait-il d'un livre *Les 10 meilleurs auto-entrepreneurs du milieu équestre* ? C'est ainsi que les entreprises créent de nouveaux produits, de nouveaux services : elles combinent deux centres d'intérêt pour en créer un troisième :

- Shopping + Site de rencontres = adopteunmec
- Hotellerie + habitant = Airbnb
- GPS + toilettes publiques = où sont les toilettes ?
- Covoiturage + Taxi = Uber

### *Utilisez le quotidien pour développer votre créativité*

Si vous avez l'impression de tourner en rond dans vos projets, que vous manquez de nouvelles idées ou d'inspiration, servez-vous de votre quotidien comme d'une base à votre créativité. Considérez votre journée comme un épisode de série ou un film, même (et surtout !) si votre journée a été particulièrement ennuyeuse.

Notez consciemment les micro-évènements qui se produisent. Vous pouvez le faire le soir après coup. Le but est d'éveiller votre vigilance. Votre cerveau sera de ce fait moins tenté d'oublier la journée et de l'expédier dans les limbes de votre mémoire comme il le fait habituellement. Faites cet exercice régulièrement en notant le ou les événement(s) auxquels vous accordez davantage d'importance au centre de votre page. Puis, à la manière du mind mapping, inscrivez tout autour de cet ou ces événement(s) les questions suivantes : Qui ? Quoi ? Quand ? Combien ? Où ? Pourquoi ?
Quelle que soit la pertinence de ces questions, trouvez une réponse reliée à l'évènement central que vous avez noté. Le cerveau fonctionne par associations, et en vous efforçant de répondre à ces questions, vous ouvrirez des pistes que vous n'auriez jamais explorées normalement. Ne vous limitez pas à un seul évènement par jour. Refaites cet exercice autant de fois que nécessaire jusqu'à ce qu'une idée un peu bizarre germe dans votre esprit. Une chose à laquelle vous n'auriez pas pensé.

### *Retournez les choses*

Pas au sens premier du terme. Mais prenez n'importe quel sujet que les gens tiennent pour acquis. L'éducation pourrait être un bon exemple. Chaque jour, essayez de trouver dix nouvelles façons d'avoir de nouvelles connaissances, de peaufiner votre éducation. Les MOOCS (cours en ligne ouverts à tous) sont une nouvelle façon de s'éduquer, d'avoir de nouvelles connaissances. Vous pouvez aussi réfléchir à d'autres sujets. Comme la publicité par exemple. Ou cherchez dix nouvelles façons de vendre une voiture, dix nouvelles façons de diffuser la publicité d'une voiture. L'immobilier est un autre sujet tellement rebattu qu'il mériterait d'être lui aussi « retourné ». Dites-vous que la façon dont les gens considèrent le marché de l'immobilier a toujours été une erreur. Commencez à penser pourquoi et comment faire mieux. Vous avez besoin d'apprendre à muscler votre créativité en renversant les acquis, même si cela parait absurde. La vérité est que vous ne savez pas quand une idée réellement innovante et ingénieuse verra le jour.

### *Retravaillez vos œuvres fétiches*

La réécriture est un exercice particulièrement intéressant pour votre créativité. Pensez au dernier livre ou au dernier film que vous avez adoré. Les livres se prêtent particulièrement bien à l'exercice. Prenez un chapitre que vous avez adoré, et réécrivez-le. Mettez vous dans la peau de l'auteur, et réécrivez ce chapitre, avec vos mots. Pour l'instant ne cherchez pas à transformer l'histoire. Contentez-vous de réécrire, de retranscrire. Je vous conseille de faire relire le résultat à quelqu'un, juste pour voir, par curiosité, les réactions et sans dire bien sûr quel est le but de votre exercice. Une fois que vous êtes à l'aise avec cet exercice (faites-le 5 minutes pendant une semaine et vous devriez constater une plus grande aisance pour trouver vos mots et vos idées), passez ensuite à la réécriture façon « vous ». Cherchez un moyen de transformer légèrement l'histoire racontée par le chapitre ou le film. Ne cherchez pas encore à tout révolutionner (quoique si vous avez des idées, écrivez-les !), mais proposez quelque chose de légèrement différent. Demandez à vos amis qui ont lu la première version s'ils préfèrent la deuxième. La réécriture d'un chapitre est préférable à celle d'un livre, trop long, qui vous découragera vous et vos potentiels relecteurs. Enfin, lorsque votre créativité est à son maximum, changez l'histoire du tout au tout. Vous serez surpris du résultat ! Si l'exercice vous paraît difficile, vous pouvez commencer par réécrire des reportages ou des interviews dans la presse pour vous mettre le pied à l'étrier. Même si c'est moins exaltant, c'est un excellent moyen de booster votre créativité très rapidement.

# … Avant d'être une histoire de qualité

## Trouver des solutions

Pour avoir des idées de qualité, penchez vous sur l'existant et ce qui pourrait être amélioré. Restez toujours à l'affut et notez ce qui fonctionne mal dans la vie de tous les jours. Tentez ensuite de l'améliorer, c'est une excellente approche pour trouver de bonnes idées.
Repérez toutes ces choses absurdes qui vous embêtent au quotidien, et au lieu de râler contre leur absurdité, essayez de trouver une solution. Elle vous changera la vie et sûrement celle de beaucoup d'inconnus aussi. En effet, si vous trouvez un moyen de vous simplifiez la vie, il y a de grandes chances que cela intéresse le plus grand nombre. Par exemple, savez-vous quelles démarches faire pour savoir combien de points il vous reste sur votre permis de conduire ? La procédure à suivre sur le site web mis à disposition des conducteurs est chronophage, contraignante et très pénible. En réalité, il est probablement beaucoup plus simple de prendre une demi-journée de congés et de se déplacer en personne à la préfecture que de se connecter au site internet et suivre les consignes. Simplifier cette procédure serait une véritable bonne idée.

### *Branchez votre radar*

Chaque fois que vous entendez (ou lisez) des phrases qui commencent par « Ce serait bien si… », « C'est nul que… », « Je ne comprend pas pourquoi… », « Le problème c'est que… », etc. Réfléchissez à une idée.
Cela doit vous faire l'effet d'un avertisseur, comme un coup de klaxon au milieu de la conversation, ou un appel de phares au milieu de votre lecture, quelque chose qui vous sort de votre torpeur, et qui vous rend tout à coup très vigilant.
Ces petites phrases sont des signes, des invitations à utiliser votre créativité, à trouver des idées. Là encore, ne cherchez pas une solution, cherchez une idée. Laissez votre esprit divaguer. Parfois, il est même plus facile de trouver des idées pour les autres que pour soi.

### *Pratiquez quotidiennement*

Si vous voulez obtenir des résultats et voir votre créativité se développer, vous devez pratiquer quotidiennement. Vous devez devenir un forgeron (« C'est en forgeant que l'on devient forgeron », dixit le proverbe). Autrement dit : pas de progrès sans pratique. Comme pour n'importe quelle activité, manuelle, sportive, artistique, on ne peut prétendre faire des progrès (ou atteindre l'excellence d'ailleurs) sans rien faire. Si je m'arrête de courir du jour au lendemain au bout d'un moment je perdrai le souffle pour tenir, les muscles pour avancer, etc. Plus vous vous entraînerez, meilleur vous deviendrez.

## Savoir si vos idées sont bonnes

Il n'est pas facile d'avoir une vision objective de la valeur de vos idées : soit vous pensez qu'elles sont géniales alors qu'en fait elles sont tout juste passables (et encore) ; soit vous pensez qu'elles sont nulles, mais vous les retrouvez à la télévision trois mois après où quelqu'un est interviewé pour présenter son idée (la vôtre !) et le présentateur et le public conquis trouvent tout cela brillant, génial, incroyable !

Alors, comment savoir si vos idées sont bonnes ? Ces trois techniques devraient vous aider à faire la part des choses.

### *La technique des masques*

S'il est difficile pour vous d'être objectif sur vos propres idées, il est difficile également pour votre entourage de l'être lorsque vous lui demandez son avis. Vous aurez droit à : « Ça existe déjà ! » ou bien : « Oui, pourquoi pas. Enfin, je ne vois pas trop l'intérêt... ». Mais ne vous découragez pas. Il est naturel de demander leur avis aux personnes que vous côtoyez pour savoir si une idée est bonne (et surtout si cette idée est de nature à être utile aux autres). Mais si vous leur posez la question directement, face à face, ne vous attendez pas à recevoir beaucoup de réponses « honnêtes ». Les personnes qui tiennent à vous vous diront que votre idée est « bien » pour ne pas vous blesser, celles qui vous détestent ne prendront pas le temps de vous dire ce qu'elles en pensent réellement.

Oscar Wilde explique cela avec beaucoup d'élégance et de justesse : « C'est lorsqu'il parle en son nom que l'homme est le moins lui-même, donnez lui un masque et il vous dira la vérité ». Lorsqu'il ne se sent pas jugé, (ou lorsqu'il préserve son anonymat grâce à un masque) l'être humain devient d'un seul coup très honnête. En fournissant ce fameux masque aux personnes que vous interrogez, vous aurez de vrais retours critiques sur votre idée.

Mais évidemment cela reste une image et vous n'allez pas transformer vos entretiens en carnaval. Ce n'est ni tout à fait sérieux, ni tout à fait réalisable. Pour garantir l'anonymat aux personnes qui jugeront votre idée, créez un sondage ! Je m'en suis moi-même servi à plusieurs reprises. C'est par exemple de cette manière que j'ai su que mon livre Napoléon joue de la cornemuse dans un bus était une idée qui allait toucher des gens. Idem pour la création de SYNAPSE, mon programme de formation en ligne. Pour créer un sondage, le web est l'outil idéal. Pour ma part j'utilise le site de sondage SurveyMonkey, gratuit jusqu'à 100 réponses, facile à utiliser (littéralement, un singe pourrait l'utiliser) et assez redoutable pour voir si vos idées sont pleines de promesses ou justes bonnes à jeter. Faites votre sondage, proposez-le aux gens, faites la pub du sondage (pas de votre idée) dites que c'est anonyme, faites passer le lien, et analysez les réponses. Vous serez surpris !

### *La technique des 3 pas en avant*

Si l'idée du sondage vous parait mauvaise ou peu exploitable, utilisez la technique des 3 pas en avant. Prenez une de vos idées, et faites comme si vous alliez sérieusement

l'exécuter. Déterminez les trois premières étapes à réaliser pour la mettre en œuvre, les 3 premiers pas en avant.
Ces 3 premiers pas, ces 3 premières étapes à réaliser, en rendant les choses concrètes, vous indiqueront si votre idée est réalisable. Bien peu d'idées franchissent ce test avec succès. Vous aurez immanquablement la réponse à votre question. Attention, il est important de déterminer malgré tout ces 3 pas. N'abandonnez pas avant d'avoir déterminé ses 3 premières étapes, même si vous avez du mal à trouver le troisième et dernier pas. Attention aussi à ne pas étouffer votre idée dans l'oeuf en étant trop pessimiste. Bannissez les pensées négatives. Vous verrez bien où cela vous mènera. Vous n'avez rien à perdre, tout à gagner, alors faites-le sérieusement. Soyez réellement décidé à mettre à exécution votre idée, même si elle parait irréaliste de prime abord.

### *La technique du diagramme de Venn*

Voici un diagramme de Venn :

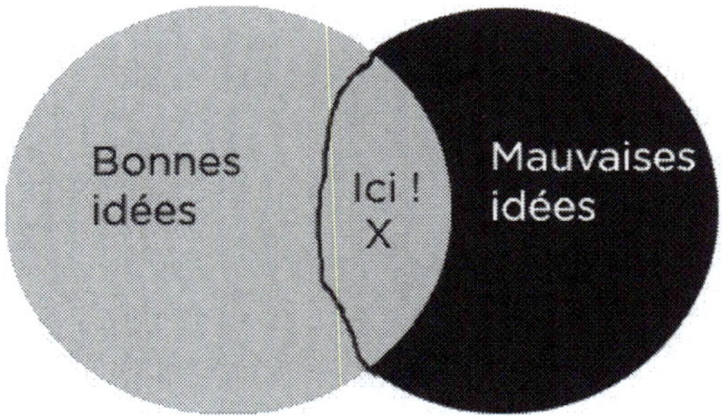


Les bonnes idées (« ça existe déjà ») sont englobées dans le cercle bleu. Les mauvaises sont elles dans le cercle noir (« je ne vois pas l'intérêt »). Entre les deux se trouve la zone jaune : là où les idées sont à la fois bonnes et mauvaises. C'est cette zone que vous devez viser lorsque vous cherchez une idée. C'est dans cette zone que les idées auxquelles « personne n'avait pensé et qui pourtant étaient évidentes » naissent. Un exemple ? La plupart des produits Apple. Partez du principe que toutes les idées géniales (en bleu) existent déjà. Les grandes entreprises disposent d'armées de gens créatifs et proposent déjà ce qui existe de mieux. Vous ne les battrez pas. Partez également du principe que 90% des mauvaises idées sont réellement mauvaises. En revanche, 10% des mauvaises idées peuvent se révéler être de bonnes idées. C'est la fameuse zone jaune du diagramme, au croisement entre les idées bonnes et mauvaises.

Pour viser cette « zone jaune », pas d'exercices ardus et compliqués, vous réussirez à atteindre la zone jaune en...vous amusant ! Je vous propose le défi suivant : trouvez 10 mauvaises idées de titre de livre. Cette consigne est tout à fait sérieuse même si vous pouvez beaucoup rire en vous prêtant à l'exercice.

Voici un exemple :

1- Comment planter vos baobabs au Groenland en 10 étapes simples

2- 50 façons de se suicider qui ne font (presque) pas mal

3- 66 chants sataniques à enseigner à vos enfants

4- Comment le Costa Rica aurait du gagner la coupe du monde : les dessous d'une manipulation politique

5- Trader comme Kerviel (mais sans se faire prendre)

6- Comment j'ai obtenu 20 en philo et comment vous pouvez faire de même

7- Le « brocoli-délice » : 50 recettes succulentes de nos grands mères

8- La biographie d'Olivier de Carglass : tout ce que vous rêviez de savoir sur les pare-brises

9- Guide de tourisme Saint Babet : découvrez la vallée des pluies éternelles sous un autre jour

10- Séduire en manipulant et trichant : 100 techniques utilisées depuis 2000 ans

Voilà 10 idées de titres de livres. De mauvaises idées. Pourtant, il se peut que parmi elles, au moins une soit exploitable. En fait, il est même possible que si demain ces 10 livres se retrouvaient sur Amazon, certains soient capables de générer des revenus et de séduire des lecteurs (pour ne pas dire tous). Comment le savoir ? Montrez cette liste autour de vous et regardez si certains titres provoquent des réactions. N'oubliez pas qu'une bonne idée touche les gens. Elle peut les intriguer (le Costa Rica aurait du gagner la coupe du monde ?), les choquer (chants sataniques), les rendre sceptiques mais en leur donnant aussi l'envie d'en savoir plus (le brocoli-délice), les amuser (biographie d'Olivier de Carglass), etc.
Ne prenez pas cette liste au sérieux. Prenez-la comme un entraînement pour muscler votre créativité. Les bonnes idées viennent avec un « muscle créatif » entraîné. Et si demain vous vous essayiez aux 10 mauvaises idées de voyage, par exemple ?

### *La technique du sale gosse*

Pour savoir si vos idées sont bonnes, vous pouvez également vous référez à une technique imparable : la « technique du sale gosse ». Vous la connaissez forcément. Vous ne l'avez peut-être encore jamais exploitée. Elle sert à la fois pour trouver des idées, les analyser pour déterminer leur potentiel mais aussi et cela peut être utile, si vous êtes confronté à des problèmes dont vous ne parvenez pas à déterminer la ou les cause(s) et que vous avez besoin non seulement de régler le problème mais aussi de vous améliorer pour ne plus perdre de temps à l'avenir.

Si vous avez déjà rencontré des problèmes « techniques », que vous avez échoué parce que quelque chose n'a pas fonctionné comme vous le vouliez, cette technique vous conviendra parfaitement. Voici donc les situations où la « technique du sale gosse » portera ses fruits :

- Vous avez échoué à un examen important et vous ne savez pas pourquoi.

- Votre blog attire autant de monde qu'un pique-nique un jour de pluie, et vous ne savez pas pourquoi.

- Vous ne savez pas pourquoi votre tactique marche moins bien que d'habitude dans votre jeu vidéo favori.

- La qualité de votre travail diminue, apparemment sans raison.

- Vous avez écrit un livre, vous avez crée un produit, vous vendez vos services, mais personne n'en veut et vous ne savez pas pourquoi.

Renouez avec votre âme d'enfant et jouez aux « Pourquoi ? »

-Et pourquoi tu n'achètes pas de bonbons ?
-Et pourquoi ça donne des caries ?
-Et pourquoi les caries, ça fait mal ?

Il y a un âge où les enfants enchaînent les « pourquoi ? » à chaque réponse qu'on leur donne.

- Et pourquoi Xavier il court ?
- Pour ne pas louper son train.
- Et pourquoi il prend le train ?
- Parce qu'il va en vacances dans le sud.
- Et pourquoi il va en vacances dans le sud ?
- Parce qu'il y a du soleil !

Et pourquoi... est-ce aussi agaçant d'entendre un « sale gosse » répéter cette question ? La dénomination de « sale gosse « est à prendre au second degré, car il ne me semble pas injustifié que les enfant s'interrogent sur ce qui les entoure, bien au contraire. Et si justement, face à un tel comportement, c'était nous qui avions une leçon à prendre plutôt que des leçons à donner ? En effet, utilisez la même approche pour vos propres problèmes, un peu comme si vous remontiez une rivière avec la technique du saumon, vous déterminerez forcément les causes (parfois inattendues) de vos problèmes, et, car cela va de pair, les solutions à adopter.

Questionnez-vous donc comme si vous étiez vous-même ce « sale gosse » en quête de « pourquoi ».

Par exemple, vous pourrez vous demander :

- Pourquoi ais-je échoué à mon examen ?
- Parce que j'ai eu une note trop basse en math, le plus gros coefficient.
- Et pourquoi ma note était-elle si basse en math ?
- Parce que j'ai eu du mal avec le théorème de Bayes, ca m'a fait perdre beaucoup de points.
- Et pourquoi ais-je eu du mal avec ce théorème ?
- Parce que je n'ai pas eu le temps de m'y mettre sérieusement
- Et pourquoi n'ais-je pas eu le temps de m'y mettre sérieusement ?
- Parce que j'ai passé trop de temps sur le français et, peut-être aussi à regarder les *Simpsons*.

Pour chacun, les raisons diffèrent. Un autre aura échoué son examen parce qu'il était préoccupé par Sophie qui l'a froidement éconduit alors qu'il n'avait d'yeux que pour elle depuis des mois. Un autre parce que même s'il est très doué en cours et collectionne les bonnes notes est tellement stressé par les examens qu'il perd systématiquement tous ses moyens. Ce qui importe, c'est de remonter assez loin (il ne s'agit tout de même pas de remonter aux origines du monde) pour trouver la cause à l'origine de votre problème.

Ou bien encore :

- La qualité de mon travail a sérieusement diminué ces derniers temps
- Pourquoi a-t-elle sérieusement diminué ?
- Parce que d'autres tâches sont venues se greffer entre temps.
- Et pourquoi sont-elles venues se greffer ?
- Parce que Sophie est absente et que quand elle n'est pas là, je récupère toutes les missions qui lui incombent.
- Et pourquoi est-ce toi qui les récupère ?
- Parce que les autres sont trop occupés, c'est plus simple comme cela.
- Et pourquoi est-ce plus simple comme cela ?
- Parce que Marc, le chef, pense que c'est mieux.
- Et pourquoi pense-t-il cela ?
- Parce que je ne dis jamais non et qu'il le sait.

L'idée est plutôt simple mais a fait ses preuves. Les exemples sont volontairement simplistes pour bien expliquer en quoi la technique consiste mais vous pourrez grâce à cela résoudre des problèmes apparemment inextricables. En fait, plus il y a de causes/conséquences au problème, plus cette technique vous permettra de mettre en lumière vos priorités.

Cependant, pour que « la technique du sale gosse » fonctionne, quelques règles doivent être respectées :

Règle numéro 1 : Lorsque plusieurs personnes sont impliquées dans votre problème, gardez votre objectivité et tenez-vous en le plus possible aux faits, à ce que vous avez le pouvoir de changer ou non.

Règle numéro 2 : Ne tournez pas en rond. Allez au fond de vos « parce que ». C'est ainsi que vous multiplierez les pistes d'exploration.

Règle numéro 3 : Partez d'un problème technique, c'est important. Essayez de mettre vos émotions de côté. Prenez du recul.
Au bout du 5ème « pourquoi », vous devriez y voir un peu plus clair. Si vous remontez correctement la chaîne de conséquences, vous mettrez le doigt sur la cause la plus importante de vos problèmes. Cette attitude, cette peur, cette habitude qui fait que le problème se répètera encore et toujours si vous ne faites rien.
Mais ce qui est le plus passionnant dans « la technique du sale gosse », c'est que vous n'avez absolument pas besoin d'avoir un problème pour commencer. Questionnez vos habitudes, celles des autres, toutes les choses du quotidien qui vous interpellent. Votre créativité s''en trouvera nettement améliorée.

# Conclusion

Booster sa créativité demande de l'entraînement, un peu d'assiduité mais est accessible à tout le monde. Ce travail vous amènera à être plus attentif à ce qui vous entoure, à vos idées, à celles des autres. Vous devez maintenant vous observer en train d'agir, prendre du recul par rapport à l'instant présent. Ces nouveaux réflexes ont une conséquence à laquelle vous ne vous attendiez sûrement pas : il rendent votre temps mémorable, ils donnent un peu plus de saveur à tout ce que vous faites.

En entraînant votre cerveau à trouver de nouvelles idées, vous le faites fonctionner différemment et cette nouvelle attention portée aux choses vous aidera à mettre en place une dynamique de progression (faites le point à la fin de la journée sur ce que vous avez fait, ce qu'il vous reste à faire), à lutter contre la déprime (vivez l'instant présent et, le soir venu, faites le bilan de la journée : quels aspects ont été positifs, qu'est-ce-que vous pourriez améliorer et comment), à développer l'estime de soi (quoi de plus satisfaisant que d'avoir eu une journée bien pleine qui nous donne le sentiment d'avancer ?).

Cette finalité inattendue du développement de votre créativité participera j'en suis sûr à vous rendre plus épanoui, plus heureux et vous conduira à pratiquer ces techniques avec assiduité.

21607910R00022

Printed in Poland
by Amazon Fulfillment
Poland Sp. z o.o., Wrocław